AF463461

RÉPUBLIQUE FRANÇAISE

Liberté — Egalité — Fraternité

PROTECTION
de la Santé publique

RÈGLEMENT SANITAIRE

DE LA

VILLE DE PONT-DE-VAUX

PONT-DE-VAUX
IMPRIMERIE-LIBRAIRIE C. GABUTEAU
1905

RÉPUBLIQUE FRANÇAISE

Liberté — Egalité — Fraternité

PROTECTION

de la Santé publique

RÈGLEMENT SANITAIRE

DE LA

VILLE DE PONT-DE-VAUX

PONT-DE-VAUX

IMPRIMERIE-LIBRAIRIE C. GABUTEAU

1905

ARRÊTÉ

PORTANT

Règlement Sanitaire

DE LA

VILLE DE PONT-DE-VAUX

Le MAIRE de la ville de Pont-de-Vaux,

Vu la loi du 5 avril 1884, notamment l'article 97;

Vu la loi du 15 février 1902 sur la protection de la santé publique;

Vu la délibération du Conseil municipal en date du 20 février 1904,

ARRÊTE :

TITRE PREMIER

Salubrité de la voie publique

ARTICLE PREMIER. — La population devra prêter son concours à l'autorité municipale pour assurer la propreté de la voie publique et en garantir la salubrité.

Art. 2. — Il est interdit de déposer ou de projeter sur le sol des places, promenades, rues, ruelles et passages publics, des ordures, immondices, cadavres ou issues d'animaux, déchets, détritus et matières malpropres, malsaines ou malodorantes quelconques.

Art. 3. — Il est interdit d'amener, de laisser couler ou de répandre sur la voie publique les eaux ménagères, les eaux impures ou industrielles, l'urine, le purin et en général tous liquides qui, par leur nature, leur teinte, les matières qu'ils tiennent en dissolution ou en suspension, peuvent souiller la surface du sol.

Art. 4. — Les eaux pluviales provenant des toitures peuvent être envoyées dans les rases ou caniveaux régnant le long des trottoirs qui bordent les rues et les places, par des conduits établis sous lesdits trottoirs. A défaut de trottoirs, elles doivent être conduites dans l'égout s'il en existe un devant l'immeuble et ce par un canal partant du pied de la construction et faisant suite au tuyau de descente.

Les eaux ménagères et toutes celles visées à l'article 3 ainsi que les eaux des cours doivent être conduites dans les égouts par un canal établi sous le sol.

A défaut d'égout l'évacuation de ces eaux doit rester assurée et se faire de telle façon qu'elles n'aient pas à couler sur la voie publique.

Art. 5. — Les interdictions portées aux articles 2 et 3 s'appliquent aussi, dans l'agglomération, aux passages privés, couloirs, cours et terrains découverts donnant sur la voie publique.

Art. 6. — Les interdictions contenues dans l'article 2 ne sauraient faire obstacle à l'exécution des prescriptions du règlement de police sur le balayage, l'usage de seaux ou de caisses à immondices et l'enlèvement des débris ou déchets de toute sorte.

Art. 7. — Aucune cuvette pour l'évacuation des eaux ménagères ne peut être établie extérieurement sur les façades en bordure de la voie publique, et à quelque hauteur que ce soit. Les cuvettes intérieures doivent être munies d'une bonde syphoïde ou de quelqu'autre appareil ayant pour effet de garantir contre les mauvaises odeurs.

TITRE II.

Salubrité des habitations

Article premier. — Les habitations doivent être largement éclairées et aérées.

Art. 2. — L'habitation de nuit dans les caves et les sous-sols est interdite.

Art. 3. — Toute pièce destinée à l'habitation doit être enduite intérieurement ou tout au moins badigeonnée à la chaux. Le sol en terre battue est interdit.

Art. 4. — Les cheminées et appareils quelconques de chauffage doivent être pourvus de tuyaux de fumée s'élevant à 40 centimètres au moins au-dessus du faîte de la construction. Les clefs destinées à régler le tirage ne doivent jamais pouvoir former fermeture complète.

Art. 5. — Il est interdit de faire déboucher les tuyaux de fumée sur la face des maisons.

Art. 6. — Toute maison d'habitation doit être pourvue de moyens d'évacuation des eaux pluviales, des eaux ménagères et des matières usées.

Art. 7. — Toute maison d'habitation doit être pourvue d'une fosse d'aisances rigoureusement étanche munie d'un tuyau d'évent se prolongeant jusqu'au-dessus du toit de la construction.

Art. 8. — Les puits doivent être fermés à leur orifice ou garantis par une toiture surélevée. Dans ce dernier cas leur paroi de pierre, brique ou ciment doit dépasser le sol de 0 m 75 au moins et être hourdée dans cette partie au mortier de chaux hydraulique ou de ciment. Ils doivent être soigneusement protégés contre toute infiltration d'eaux superficielles par l'établissement d'une aire en maçonnerie bétonnée ou cimentée large de 2 mètres au moins, hermétiquement rejointe à la paroi et légèrement inclinée du centre vers la circonférence.

Les puits doivent être placés le plus loin possible et, en tous cas, à 4 mètres au moins des fosses d'aisances, fumiers, fosses à purin ou mares. Lorsqu'ils sont établis à moins de 10 mètres des fosses d'aisances, fumiers, fosses à purin ou mares, les parois doivent en être cimentées sur la plus grande profondeur possible.

Les puits seront nettoyés ou comblés si l'autorité sanitaire le juge convenable.

ART. 9. — Les écuries et étables doivent avoir leur sol imperméable au moins dans la partie qui reçoit les urines. Elles doivent être bien aérées et blanchies intérieurement à la chaux. Les urines doivent pouvoir s'écouler au dehors par une rigole ayant une pente suffisante.

ART. 10. — Les fumiers doivent reposer sur une aire imperméable entourée d'un rebord également imperméable. Dans l'agglomération, c'est-à-dire dans toute la partie de la ville non habitée par les cultivateurs, qui ne peuvent être soumis à cette mesure, les fumiers doivent être évacués assez fréquemment pour qu'aucune odeur appréciable ne s'en dégage.

ART. 11. — Le purin s'écoulant des écuries, des étables ou des fumiers, doit être recueilli dans des fosses bien étanches et couvertes. Les aires à fumier et les fosses à purin doivent être établies le plus loin possible des maisons d'habitation.

ART. 12. — Les propriétaires, usufruitiers et usagers qui, dans le délai d'un an, ne se seraient pas conformés pour leurs immeubles ou leurs dépendances aux prescriptions qui précèdent, pourront y être contraints.

Les mesures prévues par l'article 12 de la loi du 15 février 1902 et qui concernent les immeubles dangereux pour la santé des occupants ou des voisins sont, au surplus, généralement applicables *(Voir cet article page 14)*.

Art. 13. — Les fosses à purin, mares, routoirs, dont l'insalubrité serait constatée par la Commission sanitaire, seront supprimés.

Art. 14. — Il est interdit de jeter les animaux morts dans les cours d'eau, mares, fossés ou réservoirs. Ils doivent être enterrés avec soin loin des habitations, des puits ou des abreuvoirs.

Art. 15. — Dans les constructions nouvelles destinées à l'habitation, le sol du rez-de-chaussée, s'il n'est pas sur cave, devra être élevé de 30 centimètres au moins au-dessus du niveau extérieur. Si le carrelage ou le parquet repose directement sur terre pleine, il devra être placé sur une couche de béton imperméable.

Les constructions en pisé ne pourront être élevées que sur une fondation hourdée en chaux hydraulique jusqu'à 36 centimètres au-dessus du sol.

Art. 16. — Les pièces destinées à l'habitation continue devront être hautes d'au moins 2 m 60 sous plafond. Elles devront mesurer au moins 25 mètres cubes et être éclairées directement sur rue ou sur cour au moyen de baies présentant ensemble une surface de un mètre carré et demi au minimum. Pour chaque

10 mètres cubes au-dessus de 25, la surface minima des baies devra être augmentée d'un demi-mètre carré.

Art. 17. — Toute pièce destinée à l'habitation devra recevoir l'air et la lumière directement de l'extérieur. Si elle n'est éclairée que sur une face sa profondeur n'excédera pas le double de la hauteur sous plafond. Si le jour est pris exclusivement sur une cour intérieure, celle-ci devra avoir au moins 30 mètres carrés de surface et permettre des vues directes de 4 mètres au minimum.

Art. 18. — Dans les nouvelles constructions, les écuries ou les étables destinées aux grands animaux domestiques devront avoir au moins 2 m 60 de hauteur sous plafond.

Art. 19. — La couverture et la sous-couverture à paille des maisons, granges, écuries et étables sont interdites.

TITRE III.

Prophylaxie des maladies transmissibles

Article premier. — Indépendamment de la déclaration qui doit en être faite par les docteurs en médecine, officiers de santé et sages-femmes, conformément à l'article 5 de la loi du 15 février 1902, les hôteliers, aubergistes ou logeurs ainsi que les chefs d'institution, doivent signaler immédiatement à la mairie tout cas constaté dans leur établissement de l'une des maladies désignées dans la première partie de l'article 1er du décret du 10 février 1903 et qui sont : La fièvre typhoïde, le typhus exanthématique, la variole et la varioloïde, la scarlatine, la rougeole, la diphtérie, la suette miliaire, le choléra et les maladies cholériformes, la peste, la fièvre jaune, la dysenterie, les infections puerpérales et l'ophtalmie des nouveau-nés lorsque le secret de l'accouchement n'a pas été réclamé, la méningite cérébro-spinale épidémique.

ART. 2. — Est facultative, pour les personnes désignées ci-dessus ainsi que pour les familles, la déclaration des cas des maladies suivantes énumérées dans la 2e partie de l'article 1er du décret du 10 février 1903 :

La tuberculose pulmonaire, la coqueluche, la grippe, la pneumonie et la broncho-pneumonie, l'érysipèle, les oreillons, la lèpre, la teigne, la conjonctivite purulente et l'ophtalmie granuleuse.

ART. 3. — Tout individu atteint d'une des maladies portées dans les articles 1 et 2 ci-dessus sera isolé de telle sorte qu'il ne puisse la propager par lui-même ou par ceux qui sont appelés à le soigner. L'isolement sera pratiqué soit à domicile, soit à l'hôpital.

ART. 4. — Jusqu'à la disparition complète de tout danger de transmission, on ne laissera approcher du malade que les personnes appelées à le soigner. Celles-ci prendront des précautions convenables pour éviter la propagation du mal.

Art. 5. — Après guérison d'une maladie transmissible dont ils auront été atteints, les enfants ne pourront être admis dans les écoles qu'après un avis favorable et écrit du médecin traitant.

Art. 6. — Tout individu atteint de variole, de scarlatine ou d'érysipèle doit, jusqu'à ce que la desquamation de la peau soit absolument complète, s'abstenir de recevoir ou de faire des visites, de pénétrer dans un magasin ou dans un lieu public, de faire usage des livres d'une bibliothèque publique, en général de se mettre directement ou indirectement en contact avec toute personne autre que celles qui le soignent.

La même interdiction est faite à tout individu atteint de la diphtérie tant qu'il y a du coryza ou de la toux.

Art. 7. — Il est interdit de déverser aucune déjection ou excrétion (matières fécales, matières vomies, crachats, etc.) provenant d'un malade atteint d'une maladie transmissible, sur les voies publiques ou privées, dans les cours, dans les jardins, sur les fumiers, dans les mares ou dans les cours d'eau. Ces déjections ou excrétions seront recueillies dans des vases spéciaux où elles seront laissées en contact pendant une demi-heure au moins avec un désinfectant approprié, solution de sulfate de cuivre par exemple, avant d'être versées dans les cabinets d'aisances ou enterrées profondément.

Art. 8. — Pendant toute la durée d'une maladie transmissible, les objets à usage du malade ou des personnes qui l'assistent, de même que les linges, effets et objets quelconques contaminés ou souillés, devront être soigneusement désinfectés.

ART. 9. — Il est interdit de jeter, de donner à emporter, de secouer ou d'exposer aux fenêtres aucun linge, vêtement, objet de literie, tapis ou tenture ayant servi au malade ou provenant des locaux occupés par lui, sans désinfection préalable.

La literie, les linges et objets à usage, contaminés ou souillés, ne peuvent être envoyés aux lavoirs publics ou privés, aux blanchisseries ou aux ateliers de nettoyage sans avoir été préalablement désinfectés.

Les procédés de désinfection devront être de ceux reconnus efficaces. L'immersion dans l'eau bouillante pendant un quart d'heure au moins, des linges, vêtements et objets qui peuvent supporter ce traitement, est particulièrement à recommander.

ART. 10. — Les locaux occupés par des malades atteints de l'une des maladies énumérées à l'article 1er du présent titre seront désinfectés après la guérison, le départ ou le décès des dits malades.

La désinfection sera faite par un service départemental ou communal, ou par l'entreprise privée ; les appareils employés et les procédés appliqués seront de ceux que Monsieur le Ministre de l'Intérieur aura, après avis du Comité consultatif d'hygiène publique de France, approuvés.

ART. 11. — Lorsqu'il s'agit de l'une des maladies énumérées à l'article 2 ci-dessus, la désinfection des locaux est facultative, mais elle est recommandée.

TITRE IV.

Disposition spéciale

Il est interdit de déverser des matières de vidange ou du purin sur les champs où sont cultivés à ras du sol des légumes ou des fruits destinés à être consommés crus.

Fait à Pont-de-Vaux, le 1er mars 1904.

Le Maire,

DURHONE.

Vu et approuvé conformément à l'avis du Conseil départemental d'hygiène du 18 octobre 1904.

Bourg, le 21 octobre 1904.

Pour le Préfet :

Le Secrétaire Général délégué,

MATHIEU.

ARTICLE 12 DE LA LOI DU 15 FÉVRIER 1902 :

Lorsqu'un immeuble, bâti ou non, attenant ou non à la voie publique, est dangereux pour la santé des occupants ou des voisins, le Maire, ou à son défaut le Préfet, invite la Commission sanitaire, prévue par l'article 20 de la présente loi, à donner son avis :

1° Sur l'utilité et la nature des travaux ;

2° Sur l'interdiction d'habitation de tout ou partie de l'immeuble jusqu'à ce que les conditions d'insalubrité aient disparu.

Le rapport du Maire est déposé au secrétariat de la mairie à la disposition des intéressés.

Les propriétaires, usufruitiers ou usagers sont avisés, au moins quinze jours d'avance, à la diligence du Maire et par lettre recommandée, de la réunion de la Commission sanitaire et ils produisent dans ce délai leurs observations.

Ils doivent, s'ils en font la demande, être entendus par la Commission, en personne ou par mandataire, et ils sont appelés aux visites et constatations de lieux.

En cas d'avis contraire aux propositions du Maire, cet avis est transmis au Préfet qui saisit, s'il y a lieu, le Conseil départemental d'hygiène.

Le Préfet avise les intéressés, quinze jours au moins d'avance par lettre recommandée, de la réunion du Conseil départemental d'hygiène et les invite à produire leurs observations dans ce délai. Ils peuvent prendre communication de l'avis de la Commission sanitaire, déposé à la Préfecture, et se présenter en personne ou par mandataire devant le Conseil ; ils sont appelés aux visites et constatations des lieux.

L'avis de la Commission sanitaire ou celui du Conseil d'hygiène fixe le délai dans lequel les travaux doivent être exécutés où dans lequel l'immeuble cessera d'être habité en totalité ou en partie. Ce délai ne commence à courir qu'à partir de l'expiration du délai de recours ouvert aux intéressés par l'article 13 ci-après ou de la notification de la décision définitive intervenue sur le recours.

Dans le cas où l'avis de la Commission n'a pas été contesté par le Maire, ou, s'il a été contesté, après notification par le Préfet de l'avis du Conseil départemental d'hygiène, le Maire prend un arrêté ordonnant les travaux nécessaires ou portant interdiction d'habiter, et il met le propriétaire en demeure de s'y conformer dans le délai fixé.

L'arrêté portant interdiction d'habiter devra être revêtu de l'approbation du Préfet.

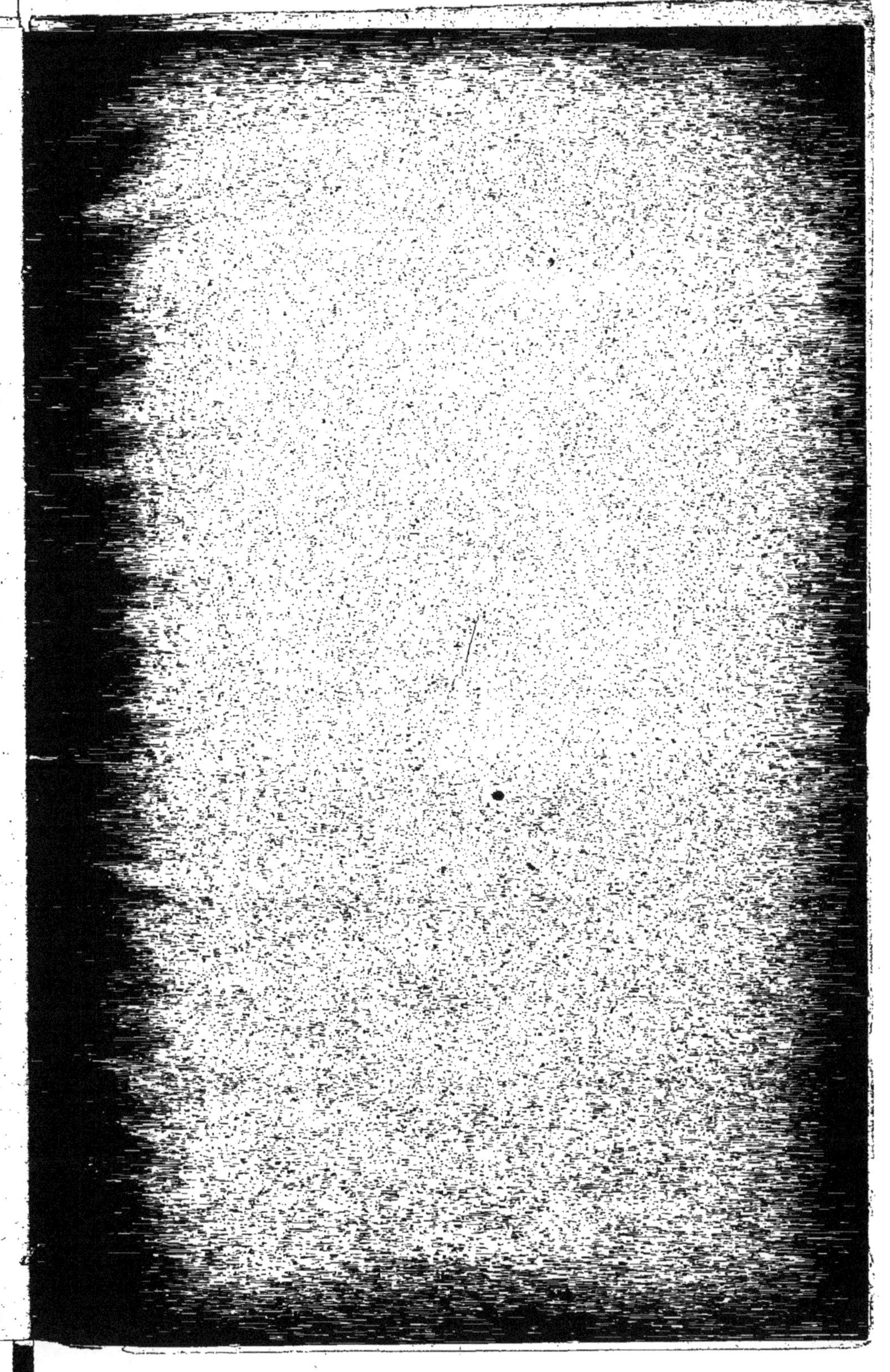

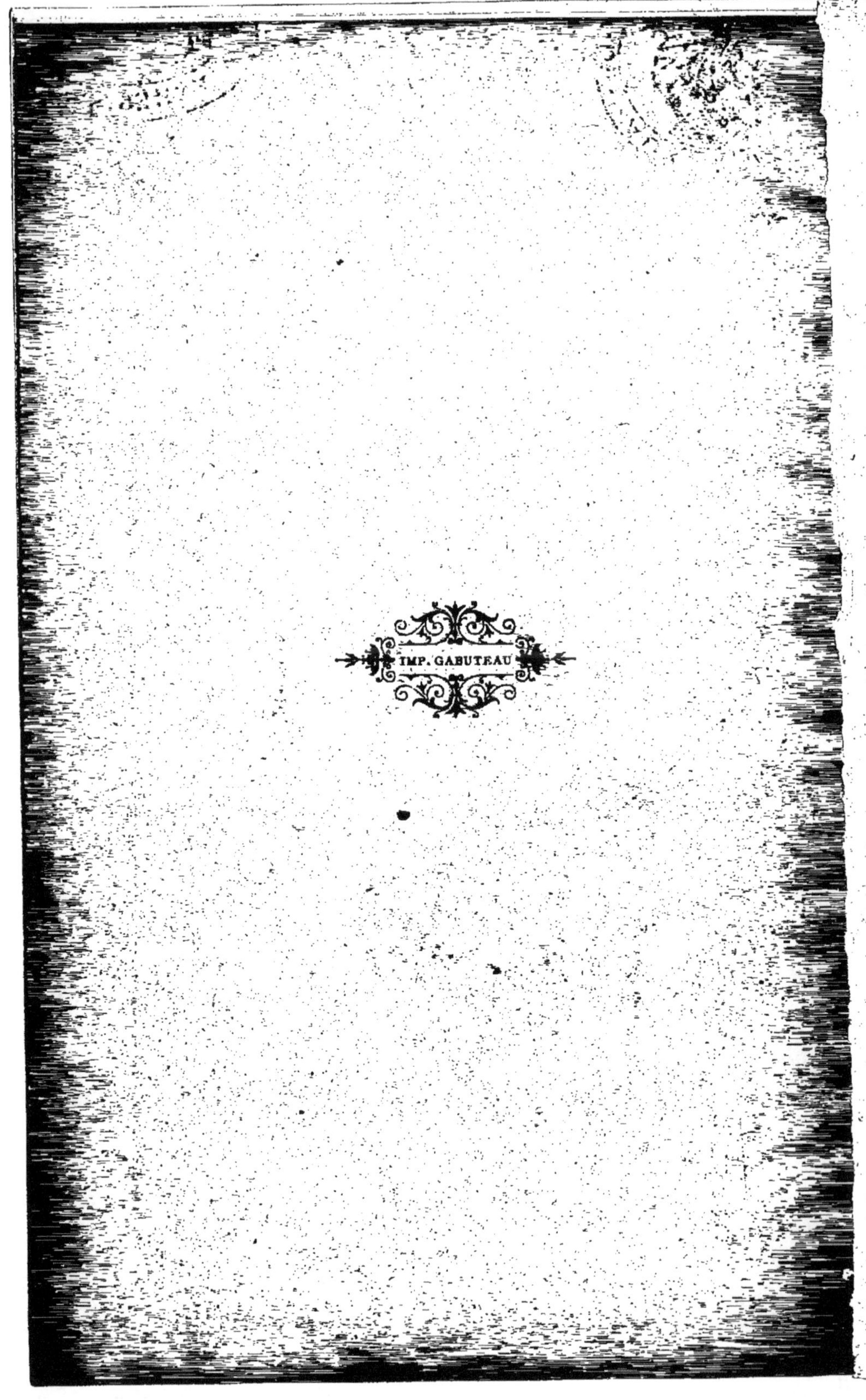
IMP. GABUTEAU

www.ingramcontent.com/pod-product-compliance
Ingram Content Group UK Ltd.
Pitfield, Milton Keynes, MK11 3LW, UK
UKHW012310240726
13966UKWH00005B/1763